Isabel Abedi

wuchs in Düsseldorf auf, doch ihre Wurzeln reichen auch in den Iran und ihr Lebensweg führte sie über Los Angeles nach Hamburg, wo sie heute in einem alten Bahnhof am Stadtrand lebt und schreibt. Ihre Kinder- und Jugendbücher wurden vielfach ausgezeichnet und sind in viele Sprachen übersetzt. Außerdem arbeitet sie als Übersetzerin aus dem Englischen und engagiert sich in interkulturellen Schreibprojekten.

Joëlle Tourlonias,

1985 in Hanau geboren, studierte Visuelle Kommunikation mit Schwerpunkt Illustration und Malerei an der Bauhaus-Universität Weimar. Nach dem Diplom 2009 machte sie sich selbstständig und zeichnet, malt, lebt und liebt heute in Essen.

Ein Verlag der Westermann Gruppe

MIX
Papier | Fördert
gute Waldnutzung
FSC® C020056

1. Auflage 2024
© 2013 Arena Verlag GmbH unter dem Titel:
Lena und die spukigen Gruselinos
Rottendorfer Straße 16, 97074 Würzburg
Alle Rechte vorbehalten
Text: Isabell Abedi
Cover und Innenillustrationen: Joëlle Tourlonias

ISBN 978-3-401-71999-3

www.arena-verlag.de

ISABEL ABEDI JOËLLE TOURLONIAS

LENA & LINO
WER HAT HIER DAS SAGEN?

Heute morgen geht Lena nicht in den Kindergarten. Weil sie
nämlich in den Kindergarten hüpft. Im Zickzack und so wild,
dass sie dabei fast eine alte Dame umgehüpft hätte, und da
muss Mama erst mal schimpfen.
Dabei kann Lena gar nichts dafür. Ihre Füße hüpfen wie
von selbst, wahrscheinlich, weil sich Lena so doll auf
das große Nachtfest freut. Alle Kinder dürfen heute
im Kindergarten übernachten! Und dazu hatte Lena
heute Morgen die beste Idee – die sie unbedingt
mit ihrem besten Freund beflüstern muss.

Lenas bester Freund heißt Lino, und immer wenn die beiden etwas zu beflüstern haben, gehen sie in ihr Geheimversteck.

„Nun sag schon", drängelt Lino, als Lena ihn geheimnisvoll anschaut. Lenas Augen funkeln. „Wir gründen eine Gespensterbande. Und heute Nacht, wenn alle schlafen, spu-huuuuken wir!"

„Eine Gespensterbande?" Jetzt leuchten auch Linos Augen. „Aber ich bin der Chef."

„Nö!" Lena verschränkt die Arme vor der Brust „Die Idee war von mir. Ich bin die Chefin."

„Du bist ein Mädchen", sagt Lino, „Chefs sind nun mal die Jungs."

„Bei dir piept's wohl!" Lena tippt sich an die Stirn. „Entweder ich bin die Chefin – oder wir gründen keine Bande."

„Na gut", sagt Lino, „dann gründen wir eben keine Bande."

Aber nach dem Mittagessen will Lena doch wieder die
Gespensterbande gründen. Deshalb sucht sie Lino.
Und als sie ihn findet, bleibt ihr vor Schreck die Spucke weg.
Lino sitzt mit Pia-Marie in ihrem Geheimversteck!
Die beiden bemerken Lena nicht.
„Entweder ich bin der Chef – oder wir gründen keine
Gespensterbande", hört Lena Lino sagen. Und dann hört
sie Pia-Marie mit ihrer Piepsi-Miepsi-Stimme sagen:
„Naa gut. Dann bist du eben der Chef."
Lena ist so wütend, dass sie glaubt, sie platzt.

Vielleicht wäre Lena ja sogar geplatzt, wenn nicht der Karton mit den Glitzerperlen auf dem Hocker gestanden hätte. Lenas Fuß fängt an zu zucken und tritt mit voller Wucht gegen den Karton. Jetzt geht es Lena schon besser. Dass Glitzerperlen so gut fliegen können, hat sie gar nicht gewusst. Dass Glitzerperlen so schwer wieder aufzusammeln sind, allerdings auch nicht.

Ausgerechnet jetzt kommt Gabi ins Zimmer. „Ich glaub, hier hakt's", schimpft sie. „Heb die sofort wieder auf."

Aus dem Geheimversteck ertönt ein Kichern. Und Lena kriegt so schlechte Laune wie noch nie in ihrem ganzen Leben.

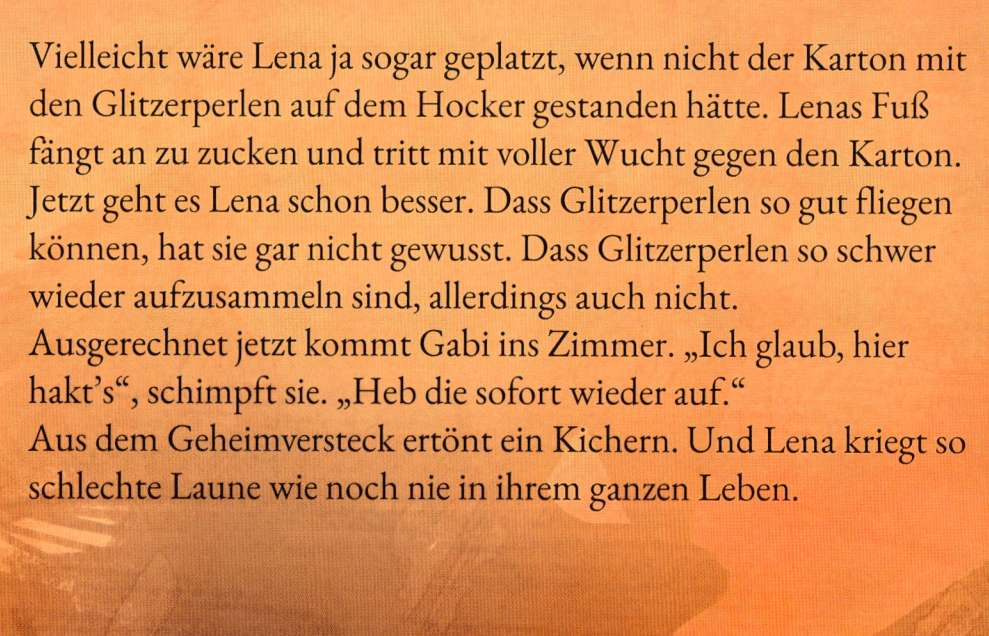

Zum Glück kommt Niklas und hilft Lena beim Aufsammeln.
Niklas wollte schon oft mit Lena spielen, aber sie hat sonst immer
mit Lino gespielt. Das ist jetzt natürlich für immer vorbei.
„Wollen wir eine Schatzsucherbande gründen?", fragt Niklas, als er
unter dem Regal nach einer goldenen Perle angelt.
„Die Glitzerperlen sind unser Schatz."
Aber Lena hat eine bessere Idee. Eine viel bessere!

„Entweder ich bin die Chefin – oder wir gründen keine
Gespensterbande", sagt Lena, als sie sich nach dem
Kindergarten mit Niklas auf dem Spielplatz trifft.
Niklas zieht eine Grimasse. Aber dann nickt er Lena zu:
„Naa gut. Dann bist du eben die Chefin."

Endlich ist es fast so weit. Zu Hause hat Mama schon Lenas
Lieblingskoffer gepackt. In einer Stunde geht das Nachtfest
los. Aber Lena muss den Koffer noch mal aufmachen, weil ja
schließlich das Wichtigste fehlt: ihr weißes Gespensternacht-
hemd. Und ihre Taschenlampe. Und eine Rasselkette.

Als Lena kurz nach sechs in den Kindergarten kommt, rennt sie gleich in den Toberaum. Hier will sie am liebsten schlafen. Aber in der Tür bleibt sie wie angewurzelt stehen. Im Toberaum sind Lino und Pia-Marie. Und ihre Matratzen haben sie ganz dicht nebeneinandergelegt. Lena sieht, wie Lino seinen Schlafsack aus der Tasche holt. Und ein weißes Hemd. Und seine Taschenlampe. Mehr sieht Lena nicht. Weil ihr nämlich die Tränen in die Augen steigen. Und mit Tränen in den Augen kann man nicht richtig gucken.

Deshalb läuft Lena ganz schnell in den Puppenraum. Und da ist zum Glück auch schon Niklas und schubst Carlos weg. „Die Matratze neben mir ist für Lena", sagt er streng.

Niklas hat ein weißes Bettlaken mit, und seine Taschenlampe ist mindestens siebzehn Mal so groß wie die von Lino. Ihre Gespensterbande heißt „Die spukigen Zwei", das haben sie heute Nachmittag beschlossen. Das heißt, eigentlich hat Lena das beschlossen. Denn schließlich ist sie ja die Gespensterchefin.

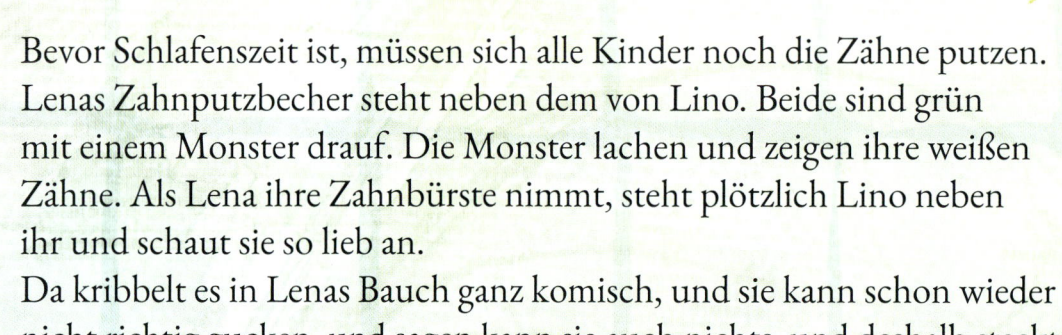

Bevor Schlafenszeit ist, müssen sich alle Kinder noch die Zähne putzen.
Lenas Zahnputzbecher steht neben dem von Lino. Beide sind grün
mit einem Monster drauf. Die Monster lachen und zeigen ihre weißen
Zähne. Als Lena ihre Zahnbürste nimmt, steht plötzlich Lino neben
ihr und schaut sie so lieb an.
Da kribbelt es in Lenas Bauch ganz komisch, und sie kann schon wieder
nicht richtig gucken, und sagen kann sie auch nichts, und deshalb steckt
sie ganz schnell ihre Zahnbürste in den Mund und fängt an, ihre Zähne
zu putzen. Ganz feste putzt sie. Ganz, ganz feste.

Nach dem Zähneputzen stürmen alle Kinder in ihre Zimmer.
Gabi erzählt im Puppenraum sogar noch eine Geschichte.
Die handelt von einem kleinen Gespenst, das die Geisterstunde
verschläft. Aber so richtig hört Lena gar nicht zu.

Die Gutenachtgeschichte ist zu Ende. Gabi löscht das Licht im Puppenraum. Bald geht die echte Geisterstunde los. Aber Lena hat plötzlich keine Lust zum Spuken. „Hey, Gespensterchefin", flüstert Niklas nach einer Weile. „Spuken wir los?"

Lena schüttelt den Kopf, aber das sieht Niklas im Dunkeln natürlich nicht.

Deshalb denkt er vielleicht, dass Lena eingeschlafen ist.

Aber Lena ist nicht eingeschlafen.

Sie denkt an Lino.

Wie er gestern mit Pia-Marie im Geheimversteck gesessen hat

und wie er mit Pia-Marie die Bande gegründet hat

und wie er neben Pia-Maries Matratze seine Matratze gelegt hat

und wie er vielleicht gleich mit Pia-Marie losspukt und alle erschreckt.

Bei diesem Gedanken steigen Lena schon wieder die Tränen in die Augen.

„Niklas?", flüstert sie leise. Aber Niklas schnarcht nur, und da will Lena plötzlich nach Hause – und zwar unbedingt und am liebsten sofort.

Im Flur ist auch alles dunkel. Nur die Betreuer sitzen sicher noch in der Küche.
Zum Glück hat Lena ihre Taschenlampe dabei.
Aber Angst kriegt sie trotzdem, als sie ganz allein durch den gruseligen Flur
tapst. Ganz still ist es. Richtig spukig still. Und Lena hört ihr eigenes Herz laut
klopfen.
Sie lässt ihre Taschenlampe durch den Flur wandern, damit sie den Weg zur
Küche findet. Da scheint ihr plötzlich noch ein Licht entgegen.
Und dahinter … sieht Lena … eine kleine … weiße … Gestalt.

Lena lässt vor Schreck die Taschenlampe fallen. Im selben Moment plumpst auch das andere Licht auf den Boden. Der Schein fällt genau auf ein Paar Pantoffeln. Die sind rot und haben vorne an der Zehenspitze ein dickes Loch. Da muss Lena kichern. Die Pantoffeln kennt sie ziemlich gut. Und die kleine weiße Gestalt natürlich auch. Lino steht vor ihr – und als er Lena erkennt, huscht auch über sein Gesicht ein breites Lächeln.

„Wo ist denn Pia-Marie?", fragt Lena.

„Eingeschlafen", sagt Lino. „Und wo ist Niklas?"

Lena kichert. „Der schläft auch", sagt sie.

„Wolltest du alleine spuken?", fragt Lino.

Lena schluckt. „Ich wollte nach Hause", sagt sie leise. „Und du?"

„Also ich", sagt Lino, und dann wird auch seine Stimme leise, „ich wollte auch nach Hause."

Lena macht einen Schritt auf Lino zu. „Dann gehen wir ja beide nach Hause."

Lino macht auch einen Schritt auf Lena zu. „Oder wir bleiben beide hier."

„Meine Bande heißt ‚Die spukigen Zwei‘“, flüstert Lena.
„Meine Bande heißt ‚Die zwei Gruselinos‘“, flüstert Lino.
„Zu zweit ist man aber eigentlich gar keine richtige Bande“,
fällt Lena plötzlich ein.
„Und wenn wir unsere Banden zusammenlegen?“, fragt Lino.
Lena nickt. „Dann brauchen wir nur einen neuen Namen.“
„Vielleicht ‚Die spukigen Gruselinos?‘“, fragt Lino.
„Vielleicht“, sagt Lena. „Und wer ist die Chefin?“
„Na du“, sagt Lino. „Und ich bin der Chef.“
Lena grinst. Dann legt sie den Finger an den Mund.
„Psst, da kommt wer!“

Tatsächlich. Da sind Schritte auf dem Flur. Lino und Lena huschen schnell ins Spielzimmer. Die Schritte kommen näher. Und noch näher. Die Tür knarrt. Jetzt sind die Schritte ganz nahe. Lino und Lena rufen, so laut und gruselig sie können.

„SPUKI-BUUUUUUUUUH!"

Jemand schreit. „AAAAAAAH! HILFE!!!"
Dann geht das Licht an. Lino und Lena gucken unter dem Basteltisch hervor.
Vor ihnen stehen zwei Erzieherinnen. Sie haben kreidebleiche Gesichter.
„Um Himmels willen!", schnauft die eine. „Habt ihr uns vielleicht einen
Schrecken eingejagt", stöhnt die andere.
Lino und Lena grinsen. Schließlich sind sie Chef und Chefin der spukigen
Gruselinos.
Da müssen sie doch schließlich Leute erschrecken, oder etwa nicht?